AF359483

CATALOGUE

D'un joli choix de

DESSINS

ANCIENS

Des Écoles italienne, flamande, hollandaise

et française

FORMANT LA COLLECTION DE M. PATTA

DONT LA VENTE AURA LIEU

HOTEL DROUOT

SALLE N° 4

Les Lundi 28 et Mardi 29 Avril 1873

A UNE HEURE ET DEMIE PRÉCISE

M° **DELBERGUE-CORMONT,** Commissaire-Priseur à Paris,
rue de Provence, 8,

Assisté de **M. FERAL,** Peintre, rue de Buffault, 23,

CHEZ LESQUELS SE TROUVE LE PRÉSENT CATALOGUE.

EXPOSITION PUBLIQUE

Le Dimanche 27 Avril 1873, de une heure à cinq heures.

PARIS — 1873

————

Elle sera faite au comptant.

Les Acquéreurs auront à payer CINQ CENTIMES PAR FRANC, en sus du montant de chaque adjudication.

DÉSIGNATION

DES

DESSINS

———

ÉCOLES ITALIENNE ET ESPAGNOLE

—

ANDREA DEL SARTO (Vannucchi dit)
Attribué à

1 — Une Sainte appuyée sur une balustrade de pierre. Signé : Andrea.

Sanguine.

ANSALDO (Jean-André)

2 — Le Christ montré au peuple.

Plume et sépia.

BAROCHE

3 — Tête de sainte, les yeux levés vers le ciel.

Crayon noir et pastel.

BAROCHE

4 — Tête de jeune femme couchée.

Pastel.

BERNIN (Jean-Laurent, dit le Chevalier)

5 — L'Artiste, les pinceaux à la main.

Plume et sépia.

6 — Portrait d'homme, en buste, tête nue.

Beau dessin, crayon noir et sanguine rehaussés de blanc.

BISCAINO (Barthélemy)

7 — Triomphe de Silène.

Sanguine rehaussée de blanc.

CALVAERT (Denis)

8 — Un Ange secourant un vieillard.

A droite et à gauche, deux petits anges tiennent chacun un calice.
Dessin, de forme cintrée, pour une peinture murale.

Plume et sépia.

CANGIAGE (Lucas)

9 — La sainte Famille, sainte Anne et le petit saint Jean.

Plume et sépia.

CAMPAGNOLA (Dominique)

10 — Neptune monté sur un cheval marin.

Dessin à la plume, portant la marque du cabinet de Bossi.

CAMPIGLIA (Jean-Dominique)

11 — Jeune Femme, vue à mi-corps.

Crayon noir rehaussé de blanc.

CARRACHE (Annibal)

12 — Satyre et Bacchante.

Plume et sépia

13 — Sainte Madeleine.

Collection Mouriau.

Plume.

14 — Paysage avec cours d'eau.

Plume.

15 — Monument et Palais.

Plume et sépia.

16 — La Vierge et l'Enfant.

Dessin gravé.

Sanguine et encre de Chine.

17 — Satyre et Amour.

Plume.

CARRACHE (Annibal)

18 — Jésus et ses Disciples.

Sanguine.

19 — Moine en prière. — Amour au-dessus d'un cartouche.

Deux dessins.

Crayons noir et blanc.

20 — Hérodiade.

Plume et encre de Chine.

21 — Tête de jeune homme.

Sanguine.

CARRACHE (Louis)

22 — Saint Martin partageant son manteau.

CARAVAGE (Le)

22 *bis* — La Mise au tombeau.

Deux dessins sur la même feuille.

CAVEDONE (Jacques)

23 — Des Anges sur des nuages.

Dessin à la plume, ombré et lavé, à la sanguine.

CAVEDONE (JACQUES)

24 — L'Adoration des Mages.

Plume et sépia.

CEREZO (MATHIEU)

25 — Paysage.

Plume.

CHIMENTI (JACQUES)

26 — Un Temple avec colonnade et statues; à droite, le Christ et ses disciples.

Plume et sépia.

CRESPI (DANIEL)

27 — Concert par des anges posés sur des nuages.

Plume, sépia et gouache.

DOMINIQUIN (ZAMPIERI dit le)

28 — Le Paradis terrestre.

Plume et sépia.

FÉTI (DOMINIQUE)

29 — Un Homme, un genou à terre, offrant un coffret.

Crayons noir et blanc.

29 *bis* — Portrait d'homme avec barbe grise.

Deux dessins.

Crayon et pastel.

FIGINO (AMBROISE)

30 — Plusieurs Figures avec variations, comme poses et mouvements.

Croquis à la plume.

FRA BARTOLOMMEO

(BARTHÉLEMY DE SAINT-MARC dit)

31 — La Vierge et l'Enfant Jésus.

Crayon noir sur papier gris.

GENNARI (CÉSAR)

32 — Deux Saints religieux adorant la Vierge et l'Enfant Jésus.

Sanguine.

GUIDO RENI

33 — Paysage et Animaux.

Joli dessin à la plume.

GUARDI (François)

34 — Vue de Venise. — La Douane.

Plume et sépia.

35 — Paysage-Marine avec bateaux et personnages.

GUERCHIN (Barbieri dit le)

36 — La Vierge et l'Enfant.

Plume.

Sur la même feuille, deux enfants à la sanguine.

37 — Saint Personnage rencontrant un pape suivi de ses gardes.

Beau dessin.

Plume.

38 — Sainte Cécile.

Plume.

39 — La Vierge, l'Enfant Jésus et saint Jean.

Plume.

40 — Paysage.

Plume.

GUERCHIN (Barbieri, dit le)

41 — Hercule terrassant l'Hydre.

La même figure, répétée deux fois.

Plume et sépia.

42 — Portrait d'homme.

Crayon noir.

43 — Jérémie.

Plume.

44 — Deux Anges, un Vieillard et une Femme âgée.

Plume et sépia.

45 — Cléopâtre et une Muse.

Deux dessins à la sanguine.

46 — Vieillard, vu à mi-corps.

Plume.

JOSÉPIN (Césari-Joseph, dit le)

47 — Saint Jean.

Mine de plomb et sanguine.

48 — Femme nue, vue de dos.

Sanguine.

49 — L'Enfant Jésus.

Plume et aquarelle.

JULES ROMAIN (Pippi, dit)

50 — Frise de Pavie.

Plume et sépia.

51 — Un Cyclope.

Plume et sépia.

52 — Tête de Faune. — Tête de vieillard, de profil.

Deux beaux dessins à la plume.

LANFRANC (Jean)

53 — Le Christ ressuscité.

Signé.

Sanguine lavée.

LÉONARD DEL BORGO (Cungi, dit)

54 — Bacchanale.

Plume.

LÉONARD DE VINCI (Attribué à)

55 — Une Tête de femme et deux Têtes d'hommes, de profil.

Trois dessins, sur deux feuilles.

Plume, mine de plomb et crayon noir.

LE PESARÈSE (Cantarini, dit)

56 — La sainte Famille. — Le Repos de la sainte Famille.

Deux dessins sur la même feuille.

Sanguine

MAGGI (Jean)

57 — Amphitrite des Naïades et des Tritons. Modèle pour une fontaine.

Plume.

MARATTE (Carles)

58 — Vénus et deux Amours.

Plume et sépia.

PIETRO-JOGHETTO (de Mantoue)

59 — La Vierge et l'Enfant Jésus, à qui une sainte va baiser les pieds. Au-dessous, la même figure, répétée deux fois, tenant un ostensoir.

Plume et sépia.

MOLA (Pierre-François)

60 — L'Ange et Tobie.

Plume et sépia.

MURILLO (Barthélemy-Esteban)

61 — L'Enfant Jésus.

Joli dessin à la plume.

PADOUAN (Léoni, dit le)

62 — Portrait d'un cardinal.

Crayon noir et pastel.

63 — Portrait de la duchesse Gaétana.

Crayon noir.

64 — Portrait d'homme.

Crayon noir et pastel.

PALMA (Jacques), le jeune

65 — Études pour un saint Sébastien.

Plume et sépia.

66 — L'Assomption de la Vierge.

Plume et sépia.

67 — Des Anges soutenant le corps du Christ.

Plume et encre de Chine.

68 — L'Annonciation.

Plume et sépia.

PARMESAN (Mazzuoli, dit le)

69 — Un Cartouche avec figures chimériques.—L'Ange
de la Justice.

Deux dessins.

Plume et encre de Chine.

70 — Plafond. Au centre, l'Assomption de la Vierge.

Plume et sépia.

71 — La Présentation de la Vierge au Temple.

Très-beau dessin, plume et sépia rehaussées de blanc.

72 — Chiens groupés. Au-dessus, deux figures légère-
ment indiquées.

**Très-joli dessin, provenant des collections Mariette
Lawrence et Cuningham.**

Plume.

73 — Judith et Holopherne.

Plume et sépia.

74 — Sainte Cécile.

Crayon noir.

PELLEGRINO (Tibaldi)

75 — Vénus et l'Amour.

Plume et sépia rehaussées de blanc.

76 — Néréide tenant une conque marine.

Plume et sépia.

PENNI (François)

77 — Hommes soutenant une guirlande de fruits.
Deux figures sous une corniche.

Plume et sépia.

78 — Saint Jean.

Plume.

PENNI (Lucas)

79 — Sujet tiré de l'Histoire sainte.

Dessin, de forme cintrée.

Plume et sépia rehaussées de blanc sur papier gris.

PERINO DEL VAGA (Buonacorsi, dit)

80 — Jeune Femme debout, s'appuyant sur une petite
table.

Plume.

81 — Satyre et Faunesse soutenant une vasque, au-
dessus de laquelle est un Amour.

Plume et sépia.

82 — Un Encensoir.

Très-beau dessin.

Plume et sépia.

PERINO DEL VAGA (Buonacorsi, dit)

83 — Femme et Amour entre deux cartouches.

> Dessin pour décoration.

> Crayon noir et sépia sur papier gris.

84 — Jupiter élevé par les Dactyles.

> Plume et sépia.

85 — Une Femme tenant un miroir. — Une Femme accroupie, vue de dos.

> Deux dessins sur la même feuille.

> Plume rehaussée de blanc.

PIOMBO (Attribué à Sébastien de)

86 — La Vierge, l'Enfant Jésus et le petit saint Jean.

> Collection Van Os.

> Plume et sanguine.

PIRANESI

87 — Intérieur d'un palais. — Palais avec grand escalier et statues. — Cour d'un palais avec fontaines.

> Trois dessins.

> Plume et encre de Chine.

PORDENONE (Le)

88 — Étude d'anges et moine en prière.

> Croquis à la sanguine.

PROCACCINI (Camille)

89
La Vierge et l'Enfant adorés par deux saints personnages.

Plume et sépia.

Le Triomphe de Titus et de Vespasien, d'après Jules Romain (Attribué à Zuccaro).

Deux dessins sur la même feuille.

Crayon noir et sanguine.

90 — Diane et Endymion.

Au verso, un groupe d'Amours.

Plume.

91 — Rebecca à la fontaine. — Une Tête de vieillard.

Deux dessins sur la même feuille.

Sanguine.

92 — La Madeleine et un Ange.

Plume et sépia.

RICCI (Sébastien)

93 — La Décapitation d'un saint.

Plume et sépia.

94 — Un jeune Homme assis, appuyé sur un bâton ; à droite, trois enfants.

Signé.

Joli croquis.

RICCIOLINI (Nicolas)

95 — Saint Jérôme.

Plume.

RIDOLFI (Claude)

96 — Le Mariage mystique de sainte Catherine.
Plume et encre de Chine bleuie.

SALIMBENI (Ventura)

97 — Le Baptême du Christ.

Plume et sépia.

SALVIATI (François-Rossi dit)

98 — Femme tenant une cruche.

Sanguine.

SODOMA (Le Chevalier)

99 — L'Annonciation.

Plume et sépia.

SOLIMENA (François)

100 — Les Emblèmes de la Passion, portés par des Anges. Modèle de plafond.
Collection Mariette.

TIEPOLO (Dominique)

101 — Un Groupe d'hommes costumés regardent en souriant un cavalier emporté par son cheval.

Signé.

Plume et encre de Chine.

TIMOTHÉE D'URBIN

(Timothée della Vite dit)

102 — La Résurrection.

Sépia.

Très-beau dessin.

Plume et sépia rehaussées de blanc à la gouache.

VACCARO (Nicolas)

103 — Hercule et Omphale.

Provenant des collections Mariette, Udueys, Morault.

Encre de Chine gouachée.

VASARI (George)

104 — Les trois Coligny.

Sur la même feuille, un dessin à la plume.

Plume et sépia.

VERONESE (Caliari dit Paul)

105 — Quatre Têtes de jeunes femmes.

    Quatre dessins sur deux feuilles.

    Sépia, sur papier gris, rehaussée légèrement à la gouache.

ZOMPINI (Gaétan)

106 — Figures et Ornements.

    Dessin pour décoration.

    Plume et encre de Chine, sur papier gris, rehaussées de blanc.

ZUCCARO (Frédéric)

107 — L'Adoration des Mages.

    Plume et sépia.

108 — Un Souverain entouré de ses gardes reçoit un placet.

    Plume et sépia.

109 — Tête à la sanguine (École italienne).

    Deux dessins sur la même feuille.

110 — Le Pape Paul III bénissant la flotte que Charles V envoya contre Tunis, en 1535.

    Plume et encre de Chine.

111 — Portrait d'homme, vu à mi-corps.

    Crayon noir et sanguine.

ZUCCARO (Frédéric)

112 — Vénus sur son char et des Amours.

Beau dessin.

Crayon noir et sanguine.

113 — L'Assomption, d'après le Titien.

Crayon noir et sanguine.

114 — Portrait d'un artiste.

Crayon noir et sanguine.

ZURBARAN (François)

115 — Pape recevant un placet d'un personnage qui agenouillé devant lui.

Très-beau dessin.

Plume et sépia.

ÉCOLE ITALIENNE

116 — L'Annonciation.

Plume e sépia.

ÉCOLES HOLLANDAISE, FLAMANDE
ET ALLEMANDE

—

AARLVELDT (André Van)

117 — Marine. Par un temps d'orage.

Très-beau déssin.

Plume et encre de Chine.

BADEMAKER (Abraham)

118 — Canal avec bateaux à voiles et maisons sur les
bords.

Signé.

Plume et encre de Chine.

BERGHEM (Nicolas)

119 — Bergers et leurs troupeaux.

Crayon noir rehaussé de blanc.

BOEL (Pierre)

120 — Chiens au repos.

Plume.

BOL (Hans)

121 — Maisons entourées d'arbres.
 Collection Richardson.

 Plume

BRIL (Mathieu)

122 — Pont et Constructions sur les bords d'un fleuve.
 Jolie aquarelle.

123 — Constructions en ruines.
 Aquarelle.

BRIL (Paul)

124 — Vallée entourée de montagnes.
 Aquarelle.

CABEL (Van der)

125 — Paysage avec chute d'eau.
 Plume et encre de Chine.

CAMPHUYSEN

126 — Paysage, Lac et Montagnes.
 Signé.
 Plume et encre de Chine.

CLOTZ (Valentin

127 — Une Rue en Hollande.

Joli dessin.

Plume et encre de Chine.

COBEL

128 — Vaches et Moutons dans une prairie.

Encre de Chine.

CUYP (Attribué à Albert)

129 — Vaches au repos.

Plume et encre de Chine.

DUSART (Corneille)

130 — Maison avec four et escalier.

Crayon et encre de Chine.

ÉVERDINGEN (Albert Van)

131 — Marine.

Au second plan, les digues, derrière lesquelles se trouvent des remparts; plus loin, une église au centre d'une ville hollandaise.

Jolie aquarelle.

132 — Moulins au bas d'une colline.

Plume et sépia.

FOCK (HERMAN

133 — Paysage : Arbres au bord d'un cours d'eau.

Crayon noir.

GOYEN (JEAN Van)

134 — Villageois faisant halte près de la lisière d'un bois.

Signé du monogramme et daté.

Mine de plomb et encre de Chine.

GRIFF (ANTOINE)

135 — Escalier dans un parc, avec chiens et personnage.

Plume et sépia.

HAAN (DAVID DE)

136 — Vue de Rome. Au centre, saint Jean de Latran.

Ravissant petit dessin.

Plume et sépia.

HOBBEMA (Attribué à MEINDERT)

137 — Entrée de forêt.

Crayons noir et blanc sur papier bleu.

.HUYSUM (Jean Van)

138 — Fleurs dans un vase.

Signé et daté 1721.

Plume et encre de Chine.

139 — Paysage avec fontaine. — Fruits dans une cor-
beille.

Plume et encre de Chine.

Deux dessins.

Sanguine.

140 — Fleurs dans un vase et nid d'oiseaux.

Aquarelle.

KAGER (Mathieu)

141 — Vénus et Adonis.

Plume et encre de Chine.

KEYSER (Guillaume de)

142 — Paysage avec tour, cours d'eau et figures.

Encre de Chine.

PIERRE DE LAAR

143 — Le Maréchal-Ferrant.

Encre de Chine.

LE DUCQ (Jean)

144 — Buveur assis, un pied posé sur un tonneau.

Crayon noir.

MEER (Van der)

145 — Moutons au repos.

Signé.

Crayon et encre de Chine.

MEULEN (Van der)

146 — Forêt et Cavaliers.

Sanguine.

MEYSSENS (Jean)

147 — L'Échelle de Jacob.

Plume et sépia.

MIEL (Jean)

148 — Soldat au repos.

Plume et sépia.

MOLYN (Pierre)

149 — Paysage montueux avec tour.
Signé.

Mine de plomb et encre de Chine.

150 — Paysage et Constructions au bord d'un cours
d'eau.

Crayon noir et encre de Chine.

MOMPER (Josse de)

151 — L'Entrée d'une ville hollandaise. Au centre, un
chemin avec voitures.
Signé et daté 1562.
Jolie aquarelle.

MOUCHERON (Frédéric)

152 — Fontaine dans un parc.

Plume et encre de Chine.

153 — Parc avec vases et colonnades.

Plume et encre de Chine.

154 — Paysage.

Encre de Chine.

OSTADE (Isaac)

155 — Intérieur rustique avec fumeur.

Plume et sépia.

PINACKER (Adam)

156 — Paysage et Cavalier.

Encre de Chine.

REMBRANDT (Van Ryn)

157 — La Femme adultère.

Plume.

158 — Personnage debout (Sujet tiré de l'Histoire sainte).
Deux dessins.

Plume.

ROMEYN (Guillaume Van)

159 — Animaux au repos, au pied de grands aqueducs
en ruines.

Signé et daté 1693.

Très-beau dessin.

Encre de Chine.

ROOS (Henri)

160 — Berger, Vaches et Moutons au repos.
Beau dessin

Plume et encre de Chine.

ROTTENHAMER (J.).

161 — L'Annonciation.

Plume et sépia.

RUBENS (Pierre-Paul)

162 — Trois Philosophes.
Collection d'Este.

Plume et sépia.

163 — Une Tête d'homme.

Crayons noir et blanc.

164 — La Vierge et l'Enfant Jésus.
Beau dessin.

Crayon noir et sanguine rehaussés de blanc.

RUGENDAS (Maurice), le jeune

165 — Cavalier à une fontaine.
Signé.

Plume et encre de Chine.

RUYSDAEL (Attribué à Jacques)

166 — Paysage.
Au centre, un chemin, des moutons et un chariot.
Collection Neyman.

Encre de Chine.

RUYSDAEL (Salomon)

167 — Rivière longeant une muraille, avec tour et cré-
neaux.

Encre de Chine.

SAAREDAM

168 — Renaud et Armide.

Crayon et sépia.

SCHALKE

169 — Paysage montueux sur la gauche ; maisons et
clochers dans le fond.

Signé.

Joli dessin dans la manière de Rembrandt.

Plume et encre de Chine.

SNEYDERS (François)

170 — Gibier, Fruits, Poissons et Légumes posés sur une
table.

Très-beau dessin.

Plume et encre de Chine.

171 — Volailles et Poissons servis sur une table.

Plume et sépia.

TENIERS (DAVID)

172 — Le Château de Téniers.

Au premier plan, trois personnages au bord d'un étang.

Mine de plomb et sépia.

173 — Les Joueurs de boules.

Crayon noir.

174 — Paysage et Villageois.

Deux dessins.

Sanguine.

ULFT (JACQUES Van der)

175 — Chemin dans un bois.

Sépia.

UYTENBOGAART (ISAAC)

176 — Moutons et Chien au repos.

Étude.

Mine de plomb.

VAN LOO (PIERRE)

177 — Fleurs.

Signé.

Deux pendants.

Aquarelles

VAN LOO (PIERRE)

178 — Fleurs dans un vase.

Trois pièces.

Mine de plomb et...

VELDE (GUILLAUME Van de)

179 — Bateaux avec pêcheurs. — Marine et bateaux à voiles.

Deux dessins.

Mine de plomb et encre de Chine.

VINNE (VINCENT Van der)

180 — Place publique, avec personnages et traîneau.

Plume et encre de Chine.

VITELLI (GASPARD Van)

181 — Pont et Constructions.

Plume et encre de Chine.

VLIEGER (SIMON de)

182 — Port de mer en Hollande.

Signé du monogramme.

Encre hine.

VLIEGER (Simon de)

183 — Paysage.

Crayon et encre de Chine.

WAEL

184 — Fête flamande.

Joli dessin.

Crayon et encre de Chine.

WATERLOO (Antoine)

185 — Paysage.

Sur la droite, des arbres et une église.

Encre de Chine.

186 — Constructions en ruines.

Deux dessins.

Plume et encre de Chine.

WITT (Jacques de)

187 — Les Amours forgerons.

Joli dessin. Plume et encre de Chine rehaussées de blanc
à la gouache.

188 — Une Tête d'ange:

Crayon noir et sanguine.

WITT (Jacques de)

189 — Paysage avec rivière ; à droite, Tobie et l'Ange.

Sépia.

190 — Les Amours musiciens.

Plume et sépia.

WYCK (Thomas)

191 — Forteresse et Personnages sur un chemin qui est au premier plan.

Crayon et encre de Chine.

YOUGH ? (C.)

192 — Jeune Homme pinçant de la mandoline.
Joli dessin.

Crayon noir.

ZAFT (Leeven)

193 — Vue des bords du Rhin.

Plume et sépia.

ZEEMAN (Renier)

194 — Ville hollandaise, avec rivière et bateaux au premier plan.

Plume et sépia.

ZEEMAN (Renier

195 — Combat naval.

Beau dessin.

Plume et encre de Chine.

ECOLE HOLLANDAISE

196 — Canards au bord d'une rivière.

Belle aquarelle.

ÉCOLE FRANÇAISE

AUBRY (Étienne)

197 — Jeune Paysanne assise, le bras droit posé sur un tonneau.

Crayon noir et pastel sur papier gris.

BOISSIEU (Jean-Jacques de)

198 — Étude d'arbres, avec maisons sur la droite.

Encre de Chine.

199 — Tête d'homme. — Un Croquis de trois figures.

Deux dessins.

Mine de plomb.

200 — Un Homme en buste, la figure appuyée sur sa main.

Très-belle contre-épreuve.

Sanguine.

201 — Un Terrain éboulé.

Deux dessins.

Encre de Chine.

BONVIN (François)

202 — Femme artiste à son chevalet.

Signé.

Crayon noir.

BOUCHER (François)

203 — Paysage avec chaumière. Au centre, une fontaine
où une jenne fille vient prendre de l'eau.

Très-joli dessin.

Crayon noir.

204 — Paysage avec chaumière, cours d'eau et moutons
au premier plan.

Très-joli dessin.

Crayon noir.

205 — Paysage avec maison, escalier de bois et enfants
sur le premier plan.

Joli dessin.

Crayon noir.

206 — Un Berger, une Bergère et un Amour.

Très-joli dessin.

Plume et sépia.

207 — Bergères dans un paysage.

L'une, porte un jeune mouton et conduit par la main un
enfant ; l'autre, vue de dos, tient son chien sous son bras.

Sanguine.

BOUCHER (François)

208 — Berger debout, tenant un [bâton. A gauche, une
jeune femme se reposant avec trois enfants.
Gravé par Demarteau, avec quelques modifications.
Sanguine.

209 — Diane et ses Nymphes surprises par Actéon.
Gravé par Tardieu.
Crayons noir et blanc.

210 — Trois Nymphes et un Amour groupés sur un
piédestal.
Plume et sépia.

211 — Vierge en buste, la figure de profil.
Joli dessin au pastel.

212 — Villageois et leurs Enfants prenant leur repas.
Sanguine.

213 — Muse écrivant sur un livre que supporte un
Amour.
Crayon noir.

214 — Pastorale.
Dessin, de forme ovale.
Sanguine.

215 — Amour tenant une lyre.
Sanguine.

216 — Une Tête de jeune femme, une tête d'Amour, un
berger apportant dans une cage des oiseaux
qu'il offre à une bergère.
Trois dessins à la sanguine.

BOUCHER (François)

17 — Le Denier de César.

Signé et daté 1757.

Crayon noir et sanguine.

218 — Tête de jeune femme.

Sanguine.

219 *bis* — Tête d'ange.

Deux dessins sur la même feuille.

Crayons noir et blanc.

BRÉMOND (Jean)

220 — Un Lot d'environ 15 dessins, sujets religieux, paysages et figures.

Mine de plomb, sanguine et crayon noir.

CARMONTEL

221 — Jeune Femme dessinant d'après la bosse.

Aquarelle.

CASANOVA (François)

222 — Combat entre deux cavaliers armés de lances.

Mine de plomb

CLAUDE LORRAIN (Attribué à GELÉE, dit)

223 — Port de mer, avec monument en ruines.

Plume et sépia.

224 — Deux Études d'arbres.

Trois dessins.

Plume.

CORNEILLE (MICHEL)

225 — L'Assomption de la Vierge.

Plume et sépia.

226 — Plusieurs Têtes de jeunes femmes, des Torses
d'hommes et des Amours.

Croquis à la sanguine.

COYPEL (CHARLES)

227 — Flore et deux Amours.

Sanguine.

228 — Quatre petits Amours voltigeant sur des nuages.

Deux dessins.

Plume et encre de Chine.

COYPEL (NOEL-NICOLAS)

229 — Jeune Femme en buste. — Étude : Jeune femme
à mi-corps.

Deux dessins.

Crayon noir et pastel.

DELLA BELLA (Stéphano)

230 — Sujet de chasse.

> Trois dessins provenant des collections Norblin et Desfriches.

> Plume et encre de Chine.

231 — Une Muse tenant une banderole.

> Plume et encre de Chine.

DE MARNE (Louis)

232 — Femme montée sur un âne; paysan conduisant des bestiaux.

> Encre de Chine.

233 — Paysages et Animaux.

> Deux dessins.

> Encre de Chine.

DE WAILLY

234 — Monuments avec colonnades et statues.
Signé et daté 1763.

> Plume et sépia.

DURAMEAU (Louis)

235 — L'Annonciation. — Le Christ couronné d'épines.
— Un Saint faisant l'aumône. — Des Anges.

> Quatre dessins à la sanguine, pour des peintures que l'artiste a exécutées à Rome.

DURAMEAU (Louis)

236 — La Vierge et l'Enfant Jésus adorés par deux
saints personnages.

Crayon noir.

FLERS (Camille)

237 — Les Bords de la Marne.

Signé.

Crayon noir.

FRAGONARD (Honoré)

238 — Jeune Fille dans un intérieur, tenant une harpe.
Très-beau dessin.

Estampe et crayon noir.

239 — Jeune Femme accrochant un tableau.
Très-joli dessin à la sanguine.

240 — Parc avec terrasses, statues, femmes et enfants au
premier plan.
Beau dessin à la sanguine.

241 — Chemin longeant les murs d'un parc.

Crayon noir.

242 — Chats, études d'après nature.
Sept dessins.

Croquis, sanguine et mine de plomb.

243 — Parc avec fontaine.

Sanguine.

GILLOT (Claude)

244 — Bacchanale.

Très-jolie contre-épreuve à la sanguine.

245 — Faunesse, Satyre et Enfants.

Sanguine.

GREUZE (Jean-Baptiste)

246 — Tête de vieillard à barbe, la main sur la bouche.

Sanguine.

247 — Jeune Garçon courant après sa mère.

Beau dessin à la sanguine.

248 — Amour tenant des colombes.

Beau dessin à la sanguine.

249 — Jeune Garçon en buste, figure de profil.

Sanguine.

250 — Composition allégorique.

Un jeune homme retient une jeune fille que l'Amour entraîne vers un précipice.

Mine de plomb et encre de Chine.

251 — Tête de jeune fille.

Sanguine.

252 — Enfant debout.

Sanguine.

GUASPRE (Dughet, dit)

253 — Paysage avec constructions et cours d'eau.

Sanguine.

HUBERT ROBERT

254 — Une Mère, assise devant une table, tenant son enfant sur ses genoux. Effet de lumière.

Très-beau desssin.

Plume et sépia, avec léger lavis d'aquarelle.

255 — La Villa Agnosima.

Signé et daté 1761.

Joli dessin.

Plume et sépia.

256 — Une Fontaine.

Très-joli dessin.

Plume et sépia.

HUET (Jean-Baptiste)

257 — Jeune Fille faisant une offrande à l'autel de l'Amour.

Signé.

Jolie aquarelle.

JEAURAT (Étienne)

258 — Femmes et Hommes du peuple prenant de l'eau à
une fontaine.

Plume et sépia.

LA FAGE (Raymond de)

259 — La Statue d'un souverain, accompagnée de figures
allégoriques.

Joli dessin.

Plume et encre de Chine.

260 — Composition mythologique.

Au centre, Flore, traînée sur un char, suivie par des
Amours qui lui jettent des fleurs.

Joli dessin pour éventail.

Plume et encre de Chine.

261 — Bacchanale.

Plume et sépia.

LA HIRE (Laurent de)

262 — Etudes d'enfants.

Plume et encre de Chine.

LARGILLIÈRE (Nicolas de)

263 — Jeune Femme debout sur une terrasse.

Plume et sépia.

LARGILLIÈRE (Nicolas de)

264 — Portrait d'un sculpteur.

Sanguine.

LA RUE (de)

265 — Plusieurs jeunes Femmes surprenant un Amour
et lui coupant les ailes.

Plume et sépia.

LEBRUN (Charles)

266 — Le Baptême du Christ.

Plume et sépia rehaussées de blanc sur les chairs et d'or
sur les étoffes.

267 — Un Ange à genoux tenant un brûle-parfums.

Crayon noir.

LE BRUN (Mme Vigée)

268 — Portrait de jeune Femme en buste.

Estompe et sanguine.

LÉPICIÉ (Nicolas-Bernard)

269 — Jeune Garçon et trois Femmes.

Très-joli croquis.

Sanguine et mine de plomb.

LE PRINCE (Jean-Baptiste)

270 — Paysans russes avec leurs charrues.
    Signé.

Joli dessin à la sépia.

271 — Jeune Dame russe en buste, la figure de profil.

Très-joli dessin à la sanguine.

272 — Deux Têtes de jeunes filles russes, vues de profil.

Mine de plomb.

273 — Villageois et Bestiaux, près d'une porte en ruines.

Mine de plomb et sépia.

MOITTE (A.)

274 — Fanchon la vielleuse.

Croquis mine de plomb.

NATOIRE (Charles-Joseph)

275 — Une Nymphe et deux Amours. — Un Amour sur
    des nuages.

Deux dessins à la sanguine.

OUDRY (Jean-Baptiste)

276 — Chasseurs faisant halte dans un parc.
    Signé et daté 1753.

Très-beau dessin, à l'encre de Chine, rehaussé de blanc à
la gouache.

OUDRY (Jean-Baptiste)

277 — Scène de comédie entourée d'arabesques.
Signé et daté 1720.

> Crayon noir rehaussé de blanc sur papier bleu ; les figures avec traits à la plume.

278 — Cadre formé d'attributs, singes et figures chimériques.

> Dessin à la sanguine.

279 — Parc avec bassin et statues.
Signé et daté 1745.

> Crayons noir et blanc sur papier gris.

280 — Chiens gardant du gibier.

> Crayon noir sur papier gris.

281 — Deux Cailles.

> Étude à l'huile sur papier préparé.

PATEL (Pierre), le vieux

282 — Paysage avec rochers et constructions en ruines.

> Crayon noir rehaussé de blanc sur papier gris.

PATER (Jean-Baptiste)

283 — Deux Hommes, l'un debout, l'autre assis, jouant chacun du violon. — Jeune Femme étendue, la tête penchée vers la droite.

> Deux dessins à la sanguine sur la même feuille.

PATER (Jean-Baptiste)

284 — Jeune Femme assise, vue de dos.

    Joli dessin à la sanguine.

285 — Jeune Femme, assise sur le sol, tenant un verre.

    Sanguine.

286 — Jeune Femme debout, répétée une seconde fois, avec légères modifications. — Jeune Homme de profil, vu à mi-corps.

    Deux dessins à la sanguine sur la même feuille.

287 — Les Danseurs.

    Sanguine.

PARIZEAU (Père)

288 — Dessin pour la décoration d'un salon.

    Plume et aquarelle.

PARROCEL (Charles)

289 — Le Maréchal-Ferrant.

    Sanguine.

PERELLE (Nicolas)

290 — Vue du Château de Saint-Cloud.

    Très-curieux dessin orné de figures, carrosse et cavaliers.

291 — Paysage coupé par un cours d'eau.

    Plume.

PERELLE (Gabriel)

292 — Paysage et Forteresse.

Plume.

PÉRIGNON (Nicolas)

293 — Pont de bois et Maisons au bord d'une rivière.

Aquarelle.

PORTAIL (Jacques-André)

294 — Jeune Femme assise, vue de dos.

Mine de plomb et sanguine.

295 — Un Homme assis pres d'une table.

Mine de plomb et sanguine.

POUSSIN (Nicolas)

296 — L'Amour destructeur.

Plume.

RÉGNAULT (Le baron Jean-Baptiste)

297 — Un Homme étendu et mourant.

Très-belle étude académique.

Mine de plomb.

SAINT-AUBIN (Gabriel de)

298 — Personnages se reposant ou lisant dans un parc.

Très-joli dessin de l'artiste.

Crayon noir et encre de Chine, avec léger lavis d'aquarelle.

299 — Perquisition judiciaire : l'Armoire de fer.

Très-curieux dessin.

Plume et encre de Chine.

300 — Une scène de l'Opéra d'Apollon.

Mine de plomb, encre de Chine et sépia.

301 — Les Joueurs de vielle.

Crayon noir et encre de Chine.

SERRES (Dominique)

302 — Marine avec navires de guerre et bateaux à voiles.

Signé et daté 1785.

Très-jolie aquarelle.

SYLVESTRE (Israel)

303 — Maisons au bord d'une rivière.

Plume.

304 — Château avec parc et personnages.

Plume et aquarelle.

TAILLASSON (JEAN-JOSEPH)

305 — Un Evêque.

> Crayon noir rehaussé de blanc.

TRINQUESSE (L.)

306 — Jeune Femme assise, vue de face, portant une robe décolletée.

> Crayon noir rehaussé de blanc sur papier rougeàtre.

307 — Femme assise se cachant la figure.

> Crayon noir rehaussé de blanc sur papier bleu.

308 — Jeune Femme sortant du lit.

> Crayon noir rehaussé de blanc sur papier rougeàtre.

309 — Jeune Fille debout, tenant un éventail.

> *Au bas du dessin, on lit :*
>
> L. TRINQUESSE, d'après Mlle Robbe,
> le 20 mai 1771.
>
> Sanguine.

310 — Jeune Femme debout, accoudée sur un buffet.

> Crayon noir rehaussé de blanc sur papier rougeàtre.

TRINQUESSE (L.)

311 — Jeune Femme assise, les mains croisées, la figure
de profil.

Crayon noir rehaussé de blanc sur papier rougeâtre.

WATTEAU (Antoine)

312 — Paysage.

A gauche, un jeune homme et une jeune femme se repo-
sent à l'ombre de quelques arbres; on aperçoit derrière eux
un troupeau de moutons en partie cachés par les plis du
terrain; dans le fond, des moulins et autres constructions sur
les bords d'une rivière.
Très-beau dessin à la sanguine.

313 — Un Valet tient une bouteille et verse à boire.

Joli dessin à la sanguine.

314 — Un Homme debout, vu de dos.

Joli dessin à la sanguine.

315 — Une Mère et son Enfant.

Sanguine.

316 — Deux Personnages, l'un debout, l'autre assis, et
deux Têtes de profil.

Très-jolie contre-épreuve à la sanguine.

317 — Jeune Femme, assise sur le sol, vue de profil.

Sanguine.

318 — Chasseur au repos, Chiens et Gibiers.

Dessin pour panneau décoratif.

Sanguine.

.WILLE (P.-A.), le fils

319 — Tête de jeune Femme, cheveux frisés, bonnet à
rubans.

Ravissant dessin à la sanguine.

---

320 — Sous ce numéro, seront vendus environ 150 Dessins non catalogués.

Ves Renou, Maulde et Cock, imprs de la Compagnie des Commissaires-Priseurs,
rue de Rivoli 144.   31771

Vᵉ RENOU, MAULDE et COCK

IMPRIMEURS DE LA COMPAGNIE DES COMMISSAIRES-PRISEURS

Rue de Rivoli, 144